AF306935

ERFOLGREICH VERHANDELN

Tipps für faire Verhandlungen
mit zufriedenstellendem Ergebnis

Verfasst von Florence Schandeler
Übersetzt von Mareike Lobeck

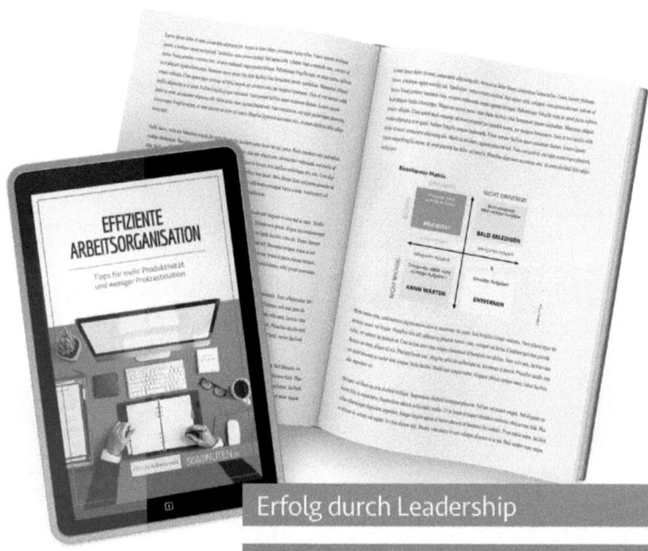

ERFOLGREICH VERHANDELN

- **Ziel:** die eigenen Interessen vertreten und dabei gleichzeitig die des Gegenübers miteinbeziehen, um so einen nachhaltigen, soliden Kompromiss zu finden, der beide Parteien zufriedenstellt
- **Anwendung:** Beruflich wie privat ermöglicht die Fähigkeit Verhandlungen zu führen es, Konflikte zu lösen und Einigungen zu erzielen, die die Interessen beider Parteien miteinbeziehen, sowie zwischenmenschliche Beziehungen zu stärken.
- **Arbeitskontext:** berufliche Beziehungen, Kommunikation, Argumentation, Konfliktmanagement etc.
- **FAQ:**
  - Was spricht für eine Verhandlung?
  - Welche Regeln sollte ich befolgen, damit die Diskussion konstruktiv wird?
  - Woran erkenne ich, dass meine Verhandlung erfolgreich war?

- Wie verhandle ich, ohne manipulativ zu wirken?
- Was sollte ich tun, wenn mein Gesprächspartner für meine Kompromissvorschläge nicht offen zu sein scheint?
- Welche Eigenschaften machen einen guten Verhandlungsführer aus?

EINLEITUNG

In den letzten dreißig Jahren hat sich die Gesellschaft von Strukturen mit einseitiger, stark hierarchisierter Machtverteilung abgewendet und ein verstärktes Interesse an Verhandlungen und Kooperationen entwickelt. Das Gesetz des Stärkeren wird so außer Kraft gesetzt: Für effiziente Arbeit und eine positive Arbeitsatmosphäre muss zusammengearbeitet werden, damit gemeinsam neue Grundlagen für den Alltag geschaffen und festgelegt werden können. Dieser Trend zeigt sich sowohl in der Berufswelt als auch im Privatleben vieler Menschen.

Denn Verhandeln gehört für die meisten zum Alltag: Man verhandelt, wo man die Weihnachtsfeiertage verbringen wird, welchen Film man sich im Kino ansieht, um eine Gehalterhöhung oder flexiblere Arbeitszeiten, um einen für alle Beteiligten vorteilhaften Vertrag etc. Damit man zufrieden und selbstbewusst aus einer Verhandlung hervorgeht, sollte man daher gleichzeitig seine eigene Meinung kundtun und verteidigen können sowie die seines Gesprächspartners respektieren.

Verhandeln bedeutet, sich selbst zu behaupten und anzusprechen, womit man nicht einverstanden ist, um so seinen privaten bzw. beruflichen Alltag zu verbessern. Dazu gehört ebenfalls, sich ein Ziel zu setzen und für dessen Erreichen einen gewissen Handlungsspielraum festzulegen. Außerdem müssen Risiken abgeschätzt und mit den möglichen Vorteilen der Veränderung abgewogen werden. In den nächsten 50 Minuten lernen Sie verschiedene Vorzüge des Verhandelns ebenso wie zum Erfolg führende Strategien kennen.

ERFOLGREICH VERHANDELN: DIE GRUNDLAGEN

DIE VERHANDLUNG

Bestandteile

Eine Verhandlung verbindet zwei Aspekte, die sie von anderen Kommunikationshandlungen unterscheidet:

- einen Widerspruch bzw. eine Opposition
- ein gemeinsames Ziel

Dabei stehen sich zwei Personen bzw. Parteien gegenüber, deren Interessen bezüglich einem oder mehrerer Punkte nicht übereinstimmen. Anders als bei einer einfachen Debatte oder einer unproduktiven Auseinandersetzung bringt der gemeinsame Wille, sich zu einigen, die Beteiligten hier dazu, sich zusammenzusetzen und zu einer Übereinkunft zu kommen.

Aus diesem Grund ist der Austausch von Argumenten während einer Verhandlung komplexer und inhaltsreicher als bei einer Auseinandersetzung, wo die Beteiligten lediglich ihre Meinung kundtun und Argumente aneinanderreihen, ohne zwangsläufig ihrem Gesprächspartner zuzuhören. Verhandlungsführer hingegen möchten eine Einigung erreichen und achten deswegen auf die Bedürfnisse und Forderungen der Gegenpartei. Ohne ihre eigenen Interessen aus den Augen zu verlieren, suchen sie nach einer Lösung, die beide Parteien zufriedenstellt. Dies stellt die Schwierigkeit des Verhandelns dar.

Wann verhandeln und aus welchem Grund?

Jeder wird in seinem Berufs- bzw. Privatleben irgendwann in die Situation kommen, verhandeln zu müssen, um Verbesserungen in seinem Alltag zu schaffen. Dabei können verschiedene Ziele verfolgt werden:

- Konfliktlösung: beispielsweise eine gerechtere Verteilung der Hausarbeit unter Familienmitgliedern

- Vertragsänderung: z. B. eine Gehaltserhöhung, Wechsel von einer Fünf- zu einer Vier-Tages-Woche oder Teilzeit
- Verbesserung eines Angebots: Beim Verkauf einer Immobilie müssen sich beispielsweise Verkäufer und Käufer über einen Preis einig werden.
- Feinabstimmung eines Abkommens zur Optimierung der Zusammenarbeit: Z. B. verhandeln eine Sportmannschaft und deren Hauptsponsor über die Höhe dessen Unterstützung, welche wiederum von der Platzierung und Größe des Logos auf den Trikots der Spieler abhängt.

Beide Parteien können potenziell als Gewinner aus der Verhandlung hervorgehen, deswegen sollte man sie mit der Bereitschaft, sich zu einigen, beginnen, anstatt auf seiner Position zu beharren. Zuvor sollte man jedoch überprüfen, ob sich das Verhandeln wirklich lohnt. Wenn Sie beispielsweise Ihre Arbeitszeiten verhandeln wollen, obwohl Ihr Arbeitgeber diese erst vor Kurzem zu Ihrem Vorteil angepasst hat, könnte es sein, dass Sie ewig unzufrieden oder arrogant erscheinen. Das könnte wiederum dazu führen, dass in Zukunft Anfragen von Ihnen nicht mehr beachtet werden.

Vorurteile überwinden

Wir verhalten uns in unseren zwischenmenschlichen Beziehungen entsprechend unserer Erfahrungen und Überzeugungen. Für einen guten Verlauf der Verhandlung sollte man darauf achten, diese als etwas Positives anzusehen, und sich von seinen Stereotypen und Vorurteilen losmachen.

Verhaltensweisen während des Verhandelns

Verhandeln	Kein Verhandeln
• zu einer gemeinsamen Entscheidung beitragen • zuhören • allen Glauben schenken und jeden wertschätzen • eine Übereinstimmung finden, von der alle profitieren • Vertrauen und Zusammenarbeit zwischen den Beteiligten stärken	• sich den Entscheidungen der anderen beugen • sich beeinflussen lassen • seine Macht ausnutzen, erpressen oder etwas vorspielen, um seine Meinung durchzusetzen • verlieren, indem man davon überzeugt ist, dass ein Kompromiss mit Scheitern gleichzusetzen ist

Sachbezogenes Verhandeln

Es bestehen verschiedene Verhandlungs-methoden. Die Verhandlungsspezialisten und Gründer des Harvard National Project, Roger Fisher (1922-2012) und William Ury (geboren 1953), haben eine Methode des sachbezogenen Verhandelns bzw. Verhandelns mit Win-win-Ergebnis entwickelt.

> In der sachbezogenen Verhandlung geht es [...] darum, wann immer möglich, gemeinsame Vorteile zu finden und im Falle von Interessenkonflikten darauf zu bestehen, dass das Ergebnis fairen Legitimitätskriterien genügt, die nicht von der einen oder anderen Seite diktiert werden. (Fisher; Ury: *Das Harvard-Konzept*, S. 23)

Eine sachgerechte Verhandlung beruht dabei auf vier Prinzipien:

- Das Thema der Meinungsverschiedenheit muss getrennt von den Personen betrachtet werden (denn diese sind gezwungen, in den

Debatten eine Rolle einzunehmen und ihr Gesicht zu wahren).

- Die Diskussion sollte sich auf die Interessen der beiden Parteien konzentrieren und nicht auf ihre Positionen.
- Es ist besser, eine große Menge potenzieller Lösungen zu erarbeiten als sich auf eine einzige zu beschränken.
- Alle Beteiligten müssen darauf bestehen, dass das Ergebnis auf objektiven, auswertbaren Kriterien beruht. Diese werden wie folgt formuliert: „Die Entscheidung wird eingehalten, wenn…"

Diese vier Prinzipien stellen sicher, dass die Diskussion rational bleibt und lediglich das eigentliche Thema der Debatte, nicht aber der Ruf der Personen miteinbezogen wird, sodass eine konkrete Lösung gefunden werden kann, die beiden Parteien Vorteile bringt. So wird vermieden, dass die Verhandlungspartner eine Position einnehmen müssen, von der sie nur schwer abrücken können, weil sie sich sonst einen Misserfolg eingestehen müssten oder ihr Gesicht verlören. Dahingegen bestehen größere Erfolgsaussichten für die Verhandlung, wenn von dem ausgegangen wird, was beide Parteien annehmen können, und nach gemeinsamen Interessen gesucht wird, anstatt zu unterstreichen, worin sich die Beteiligten uneinig sind.

Diese Technik ist ideal, um Ergebnisse zu erzielen, die für beide Parteien zufriedenstellend sind. Denn es wird nicht versucht, die Forderungen beider Lager vollständig zu erfüllen (dies ist geradezu unmöglich), sondern vielmehr mittels einer respektvollen Diskussion eine gerechte Einigung zu finden. Fisher und Ury stellen dieser Methode das Feilschen gegenüber, bei dem jede Partei versucht, ihren eigenen Gewinn zu maximieren, ohne die Bedürfnisse des anderen zu berücksichtigen. Dies führt zu einer Situation mit Gewinner und Verlierer – oder Verlusten auf beiden Seiten, wenn die Verhandlung zu keinem Ergebnis führt.

Das folgende Beispiel veranschaulicht die Methode des sachbezogenen Verhandelns: Mitarbeiter X arbeitet seit einigen Jahren bei einer Bank in der Abteilung des Kundenservice. Seine Vorgesetzte Y ist sehr zufrieden mit seiner Arbeit und hält ihn für einen ihrer leistungsstärksten Mitarbeiter in dieser Abteilung. X fühlt sich von seiner Arbeit jedoch nicht mehr erfüllt und möchte gerne in eine Filiale wechseln, um direkten, persönlicheren Kundenkontakt zu haben. Seine Vorgesetzte sieht in diesem Anliegen allerdings nicht sofort einen Nutzen für sich: Die Erfahrung des Mitarbeiters auf seiner jetzigen Stelle macht ihn äußerst kompetent und sein Wechsel auf eine andere Stelle würde bedeuten, jemanden mit ähnlichen Qualifikationen finden zu müssen. Die Forderung bedeutet für Y also eine finanzielle Investition. Das folgende Schema zeigt jedoch, dass sie mehr zu verlieren hat, wenn sie auf ihrer Position beharrt, als wenn sie der Forderung ihres Mitarbeiters nachgibt. Es ist wahrscheinlicher, dass die Diskussion zu einer Lösung führt, die für beide akzeptabel ist, wenn die Verhandlung sachbezogen ist und die Ziele beider Parteien berücksichtigt werden.

Anwendung der sachbezogenen Verhandlung

TIPP

Sie sollten sich stets darüber bewusst sein,
dass alle Beteiligten, unabhängig von ihrer
Kultur, ihrem Standpunkt und dem Thema

der Diskussion so handeln, dass sie ihre Grundbedürfnisse schützen. Zu diesen gehören:

- Sicherheit
- Leben in wirtschaftlichem Wohlstand
- Zugehörigkeit zu einer Gemeinschaft (der Berufsgruppe, der Position innerhalb des Unternehmens bzw. der Familie etc.)
- Freiheit und Unabhängigkeit beim Treffen von Entscheidungen

Zusammenarbeit oder Kräftemessen?

Da das Ziel der sachbezogenen Verhandlung eine gemeinsame und gegenseitige Übereinkunft ist, geht es bei ihr stets um Zusammenarbeit. Dabei werden die Beteiligten dazu angehalten, sich gegenseitig zuzuhören und zu verstehen, um gemeinsam eine Lösung zu finden, von der alle profitieren.

Wie bei allen zwischenmenschlichen Beziehungen kann aber auch hier die Beziehung zwischen den Beteiligten asymmetrisch sein, sodass es zu einer ungleichen Machtverteilung kommt. Dem Management- und Unternehmensexperten

Lionel Bellenger (geboren 1947) zufolge bestimmen sechs Aspekte über die Beziehung zwischen den Verhandlungspartnern:

- Hierarchie (unterschiedliche Stellungen im Unternehmen)
- Anzahl (wenn eine der Lösungen die größere Gruppe zufriedenstellt)
- Konjunktur (ein Unternehmen ist Marktführer)
- Kompetenz (Anwesenheit eines Experten für das zu verhandelnde Thema bzw. einer Person, die über mehr berufliche Erfahrung verfügt)
- Persönlichkeit (eine Person mit viel Charisma)
- Kultur (Autorität der älteren Generation in gewissen Bereichen)

Betrachtet man diese Aspekte, erscheint es offensichtlich, dass die Beziehung zwischen Verhandlungspartnern selten ausgeglichen ist. Daher sollte man in der Lage sein, die Machtverhältnisse, die die Unterhaltung mitbeeinflussen, zu analysieren und zu berücksichtigen. Bei einem starken Ungleichgewicht ist die Wahrscheinlichkeit hoch, dass die Einigung ganz natürlich diejenige Partei mehr zufriedenstellt, die sich überlegen fühlt. Es sollte jedoch bedacht werden, dass das Ziel der Verhandlung eine Win-

win-Situation ist und eine Unterhaltung, die auf einem Kräftemessen beruht, nur zu Konflikten führen kann. Eine Verhandlung, auch bei ungleicher Machtverteilung, zielt auf eine kreative, gemeinsame Lösung ab, von der alle Beteiligten profitieren und in die sich alle einbringen können.

Beispielsweise wird ein Jugendlicher, der noch der Autorität seiner Eltern unterstellt ist, seinem Teil der Hausarbeit lieber nachgehen, wenn er vorher aushandeln konnte, dass er freitagabends ausgehen darf. Genauso wird ein Angestellter mehr Motivation und Leistung zeigen, wenn er seine eigenen Ideen bei Projekten und der Unternehmensorganisation einbringen darf, anstatt sich lediglich auf die in seinem Vertrag beschriebenen Aufgaben zu beschränken.

- man nicht die totale Kontrolle über die Situation besitzt
- eine gewisse Spannung besteht, die durch Uneinigkeit entsteht und proportional zu den Unterschieden zwischen den einzelnen Interessen ist
- man seine Interessen gegenüber einer anderen Person verteidigen muss
- nicht alle Ziele, die man sich gesteckt hat, auch erreicht werden
- man gewisse Regeln befolgen muss, damit eine ernsthafte Diskussion geführt werden kann, bei der die Meinungen und Interessen aller Beteiligten respektiert werden

Profile von Verhandlungsführern

Bei einer Gruppendiskussion nimmt man seine Rolle entsprechend seines Charakters und seiner Einbindung in die Debatte ein. Jeder Verhandlungsführer handelt also entsprechend seiner Persönlichkeit, Stärken und Schwächen und geht je nach den Aspekten und Umständen der Diskussion mit einer gewissen Dynamik vor.

Diese Aspekte führen dazu, dass die Beteiligten während der Diskussion, bewusst oder unbewusst, eine oder mehrere Positionen einnehmen. Lionel Bellenger unterscheidet dabei zwischen zehn Profilen:

- **Der Leader** führt die Unterhaltung. Er hat die Gruppe hinter sich und spricht in ihrem Namen.
- **Der Lenker** spielt den Animateur der Gruppe. Er weist den Beteiligten das Wort zu und fasst die Aussagen zusammen, um den Fortschritt der Diskussion deutlich zu machen.
- **Der Mitläufer** schließt sich den allgemeinen Neigungen an und ist mit den Entscheidungen der Gruppe einverstanden.
- **Der Rebell** lehnt die Ideen der Gruppe ab und macht es sich zum Ziel, letztere aufzulösen.
- **Der Pedant** übernimmt die Rolle des Polizisten. Er erinnert an die eigentliche Aufgabe und achtet darauf, dass die Tagesordnung stets eingehalten wird.
- **Der Experte** verfügt über Erfahrung oder Expertise, was ihm bei dem zu verhandelnden Thema eine gewisse Autorität verleiht.
- **Der (scheinbar) Naive** fragt nach, damit die Ideen der Gruppe deutlicher werden.

- **Der Arrangeur** ist immer auf der Suche nach einem Kompromiss. Sein Ziel ist, das gegenseitige Verständnis innerhalb der Gruppe aufrechtzuerhalten, was dazu führen kann, dass er sehr komplexe Lösungen vorschlägt, um alle Beteiligten zufriedenzustellen.
- **Der Macher** arbeitet aktiv und positiv mit. Er teilt seine Ideen, ohne sie den anderen aufzudrängen.
- **Der Störer** hat sich zum Ziel gesetzt, die Gruppe zu stören, sie davon abzuhalten, weiterzukommen, und sie zu verunsichern.

Diese verschiedenen Profile machen deutlich, dass die kollektive Entscheidungsfindung von einigen Verhaltensweisen unterstützt und von anderen behindert wird. Der Erfolg der Verhandlung hängt daher von der Macht der Gruppenführer, der Fähigkeit aller Beteiligten, sich mit dem Ziel zu identifizieren, und ihrem Willen, dieses zu erreichen, ab.

VORBEREITUNG

Ein essentieller Schritt zu einer erfolgreichen Verhandlung ist die Vorbereitung, denn Selbstbewusstsein allein reicht hier nicht aus.

Sie können dabei das zu verhandelnde Ziel, alles, was die Verhandlung gefährden könnte, sowie eine Strategie definieren.

Vorevaluierung

Die Phase der Vorevaluierung ist unerlässlich für jede Verhandlung. Dabei sollten Sie sich mit dem Thema der Verhandlung und dem Kontext auseinandersetzen sowie sich über die verschiedenen Beteiligten und die Interessen, die diese während der Debatte verteidigen werden, informieren. Erkundigen Sie sich nach den Stärken und Schwächen, Bedürfnissen und Absichten Ihrer Verhandlungsgegner. Sie sollten ebenfalls herausfinden, was die Konkurrenz anbietet, damit Sie sich gegebenenfalls anpassen können. All diese Informationen werden Ihnen bei Ihrer Argumentation helfen.

Ziele

Auf der Grundlage Ihrer Definition, worüber und mit wem Sie verhandeln werden, können Sie sich mit Ihren Zielen und den Mitteln beschäftigen, die Sie zu diesem Zweck einsetzen können. Denn wenn Sie in eine Verhandlung gehen, ohne zu wissen, was Sie erreichen möchten, werden Sie mit leeren Händen aus ihr hervorgehen.

Mit anderen Worten sollten Sie Ihren Handlungsspielraum sowie Ihre Best Alternative to Negotiated Agreement bzw. Beste Alternative (BATNA) festlegen. Stellen Sie sich die folgenden Fragen, um den Kontext der Verhandlung zu analysieren und Ihren Handlungsspielraum bzw. Ihre Zone of Possible Agreement (ZOPA) zu bestimmen: Was kann ich fordern? Was kann ich bei dieser Verhandlung gewinnen? Anschließend definieren Sie den idealen Ausgang (sprich einen unverhofft guten Ausgang) der Verhandlung und den gerade noch akzeptablen Ausgang, also das Ergebnis, das Sie mindestens erreichen müssen. Alles zwischen diesen beiden Extremen stellt die ZOPA dar. Seien Sie präzise, beispielsweise indem Sie (gerade im Fall einer Beförderung) mit Zahlen argumentieren.

Seien Sie bereit, die Vorschläge Ihres Verhandlungspartners abzulehnen, wenn dieser selbst zu keinen Zugeständnissen bereit ist. Ihre BATNA gibt an, ab welchem Punkt Sie ablehnen sollten. Fisher und Ury definieren sie als die beste Alternative außerhalb der Verhandlung.

Zur Veranschaulichung werden zwei Mitarbeiter betrachtet, die beide das Team wechseln möchten. Mitarbeiter X sind die Spannungen in seinem Team unangenehm, Mitarbeiter Y möchte nicht mehr mit den Kollegen zusammenarbeiten, die ihm so sehr zusetzen, dass er bei andauernder Situation bald an Burn-out leiden wird. Für X besteht die Beste Alternative darin, doch im Team zu bleiben, weil er sich schließlich mit der Atmosphäre abfinden wird. Für Y ist die Beste Alternative, dass der Mitarbeiter, der sich am unangemessensten verhält, das Team verlässt.

Die Definition der BATNA hängt daher von der Analyse des jeweiligen Kontexts ab: Was kann man akzeptieren? Womit kann man sich in diesem oder jenem Kontext abfinden? Wenn am Ende dennoch keine Lösung gefunden wurde, können Sie einen Ausgang ohne Ergebnis formulieren und vorschlagen, die Diskussion zu einem späteren Zeitpunkt nach ein wenig Bedenkzeit für beide Parteien oder mit einem neuen Verhandlungsthema wiederaufzunehmen.

Definition der verschiedenen Ziele

idealer Ausgang	bestes (meist unrealistisches) Angebot, bei dem geblufft wird, um mehr herauszuschlagen
Risiko, dass abgelehnt wird	
guter Ausgang	erhofftes Angebot oder (realistisches) Bestergebnis
akzeptabler Ausgang	soll den gerade noch akzeptablen Ausgang vermeiden → Erhöhung der Zugeständnisse durch die Anpassung des guten Ausgangs
gerade noch akzeptabler Ausgang	letztes Angebot bzw. mindestens zu erreichendes Ergebnis
Schwelle, ab der abgelehnt wird → BATNA	
Ausgang ohne Ergebnis	Scheitern der Verhandlung → Verschieben der Verhandlung, damit nachgedacht werden kann oder neue Aspekte eingebracht werden können

TIPP: DAS NICHTVERHANDELBARE DEFINIEREN

Sowohl im Privat- als auch im Berufsleben gibt es Dinge, die nicht verhandelbar sind. Damit man sich nicht stark benachteiligt fühlt oder die Beziehung zwischen

Mitarbeitern aufgrund einer kleinen Meinungsverschiedenheit gefährdet, sollte man darauf achten, niemals

- moralische und ethische Regeln und Werte,
- gesellschaftlich festgelegte Werte
- sowie gesetzlich festgelegte Konventionen und Verbote
- zu verhandeln.

Planung

Wenn Sie mit der Organisation der Verhandlung betraut sind, sollten Sie sicherstellen, dass Sie die Beteiligten

- an einen bestimmten, angemessenen Ort bitten (Möglichkeit, sich zurückzuziehen),
- diesen für den Anlass vorbereiten (notwendiges Material und Sitzplätze für die Beteiligten am Tisch)
- sowie eine Uhrzeit festlegen (Beginn und Dauer der Verhandlung).

Förderliches Verhalten

Alle Beteiligten werden, wie bereits erwähnt, von ihrem Willen angetrieben, eine Übereinkunft zu finden. Dies stellt den eigentlichen Zweck der Verhandlung dar. Aus diesem Grund sollte jeder sein Verhalten an den beiden folgenden Achsen ausrichten:

- während der Diskussion seine Position vertreten, indem man seine Interessen erläutert und seine Meinung mit Argumenten untermauert.
- seinem Gesprächspartner zuhören, wobei man vermeidet dessen Argumente von vornherein abzulehnen oder zu verurteilen. Versuchen Sie sich stattdessen in ihn hineinzuversetzen – so vermeiden Sie ebenfalls, Ihre eigenen Interessen mit denen der Allgemeinheit gleichzusetzen, und können andere Meinungen besser verstehen und akzeptieren.

Wenn Sie zu einem Kompromiss bzw. Konsens bereit sind und sich darauf konzentrieren, was Ihnen eine erfolgreiche Verhandlung bringt, werden Sie Ihr Handeln auf den Kern der Diskussion ausrichten und Ihre Interessen mit denen der anderen abstimmen können. Damit Ihre Verhandlung konstruktiv ist, sollten Sie die folgenden Verhaltensweisen annehmen:

- Ermöglichen Sie ein Kennenlernen vor der eigentlichen Verhandlung. In dieser ersten Runde kann jeder seinen Standpunkt frei äußern, ohne dass ihm widersprochen oder er dafür verurteilt wird.
- Zeigen Sie Ihre Zustimmung und Anerkennung, während der andere spricht.
- Fordern Sie Ihren Gesprächspartner dazu auf, seine Erwartungen konkret auszudrücken. Fragen Sie ruhig nach, wenn Sie etwas nicht verstanden haben.
- Analysieren Sie die Risiken der Entscheidungen und schätzen Sie die Konsequenzen ab, die sie für jeden einzelnen haben werden.
- Ziehen Sie am Ende der Verhandlung eine Bilanz der Erfolge und Misserfolge und heben Sie hervor, was funktioniert hat und welche positiven bzw. negativen Aspekte der Meinungsaustausch hatte.

Mögliche Ergebnisse

Man sollte sich vor der Verhandlung über die vier möglichen Ausgänge des Gesprächs bewusst werden, die unterschiedlich nachverfolgt werden müssen.

1. Die Verhandlung kann scheitern und mit **Uneinigkeit** enden. Diese kann wie folgt empfunden werden:

   ○ als Ziel, wenn die Verhandlungsführer darüber übereinstimmen, dass sie sich nicht einigen werden.
   ○ als Konflikt, wenn die Verhandlung ungünstig verlaufen ist (persönliche Angriffe, Kränkungen).

○ als Meinungsverschiedenheit, wenn die Beteiligten beschlossen haben, die Entscheidung zu vertagen.

2. Die Verhandlung kann zu einem **Zugeständnis** führen. In diesem Fall hat eine Partei bei einem Punkt nachgegeben, ohne im Gegenzug etwas dafür zu bekommen. Hier gibt es einen Gewinner und einen Verlierer.
3. Bei einem **Kompromiss** haben beide Parteien Zugeständnisse gemacht, um zu einer Übereinkunft zu gelangen, die die wesentlichen Interessen aller wahrt.
4. Schließlich kann die Verhandlung auch ein vollkommener Erfolg werden, wobei die gemeinsam gefundene Lösung bei allen Beteiligten einstimmig Zuspruch findet. In diesem Fall spricht man von einem **Konsens**.

Mit der Einigung am Ende der Verhandlung ist jedoch noch nicht alles getan. Nun muss überprüft werden, dass diese auch von den beteiligten Parteien befolgt wird. Dazu sollte schriftlich festgehalten werden, was die Einigung beinhaltet (wobei die in der folgenden Tabelle aufgeführten Fragen beantwortet werden). Alle Beteiligten erhalten ein Exemplar dieses Dokuments, das alle Maßnahmen und Vorgehensweisen enthält, die die Einhaltung ihres Teils der Übereinkunft sicherstellen.

Nach der Verhandlung

Wer? Welche Personen sind von der Übereinkunft betroffen?	
Was? Was bedeutet die Übereinkunft konkret (hinsichtlich Verhaltensanpassungen oder auszuführender Tätigkeiten)?	
Wo? Wann? Wo und in welchem Kontext tritt die Übereinkunft in Kraft?	
Wie? Welche Indizien zeigen, dass die Übereinkunft eingehalten wird?	

TOP TIPPS

- **Behaupten Sie sich**. Vertrauen in sich selbst sowie in die eigenen Stärken und Antriebskräfte trägt in hohem Maße zum Erfolg der Verhandlung bei. Als Vorbereitung Ihrer Positionen während der Debatte halten Sie am besten schriftlich fest, was Sie bei der Verhandlung erreichen können, welche Interessen Sie vertreten und welche Argumente diese unterstützen. So werden alle Faktoren Ihrer Argumentation besonders deutlich. Seien Sie selbst von Ihren Worten überzeugt, um Ihren Gesprächspartner zu überzeugen.
- **Stellen Sie Fragen**. Mit diesen legen Sie den Grundstein für das Gespräch, dessen Inhalt zudem konkreter und direkter wird. Stellen Sie sich und Ihrem Gesprächspartner daher während aller Phasen der Verhandlung – von der Vorbereitung bis zum Endergebnis – Fragen: Welche Veränderungen möchte ich nach diesem Gespräch sehen? Warum? Welche Interessen verfolgen ich und mein

Verhandlungspartner konkret mit dieser Verhandlung? Welche Konsequenzen hat die Entscheidung auf meine Arbeit? Alle Beteiligten sollten den Nutzen und die Vorteile der während der Diskussion vorgebrachten Vorschläge abschätzen.

- **Behalten Sie Ihr Ziel stets im Blick**. Denn wenn Sie vergessen, was Sie eigentlich erreichen wollen, werden Sie vermutlich auch keinen Erfolg einfahren. Bei einer unstrukturierten Verhandlung kommen Sie wahrscheinlich von einem Thema zum anderen, aber Sie kommen auch von der eigentlichen Sache ab. Damit Sie diese jedoch nicht aus den Augen verlieren, sollten Sie stets an Ihr Ziel denken. Schreiben Sie es notfalls auf, wenn Sie befürchten, es zu vergessen. Mit dieser Erinnerungshilfe vor Augen können Sie die Verhandlung auf ihr eigentliches Thema zurückführen, wenn Sie einmal davon abgekommen sind.
- **Suchen Sie nach den gemeinsamen Interessen und drücken Sie sie explizit aus.** Wenn sich die Parteien während der Debatte nicht von ihren Positionen wegbewegen, um nicht das Gesicht zu verlieren, sondern versuchen die Oberhand zu gewinnen, wird die

Verhandlung schnell unkonstruktiv. Um von einer stabilen Basis zu starten, sollten Sie notieren, welche Interessen beide Parteien verfolgen, und wo die Meinungsverschiedenheiten und unterschiedlichen Bedürfnisse liegen. Indem Sie zunächst die Vorteile einer Einigung hervorheben, erhöhen Sie die Chancen auf ein positives Ergebnis.

- **Überlegen Sie sich neuartige Lösungen**. Möglicherweise führt die Verhandlung zu keiner zufriedenstellenden Lösung. Versuchen Sie in diesem Fall das Feld der Möglichkeiten zu erweitern, indem Sie neue, innovative und originelle Ideen vorstellen. Eventuell ist Ihr Gesprächspartner mit ihnen einverstanden oder er ergreift die Möglichkeit mit eigenen Ideen zu reagieren.

- **Hören Sie aufmerksam zu**. Anders als bei einer Auseinandersetzung, wo jede Partei auf ihrem Standpunkt beharrt, muss bei einer Verhandlung die Sichtweise des anderen berücksichtigt werden. Dazu sollten Sie sich gegenseitig zuhören und
  - die Diskussion durch wohlwollendes Verhalten unterstützen (vermeiden Sie es beispielsweise, Ihre Gesprächspartner zu unterbrechen).

- ◦ stellen Sie offene Fragen, die Ihrem Gesprächspartner ermöglichen, seine Erwartungen und Bedürfnisse auszudrücken.
- ◦ wiederholen Sie die vorgebrachten Argumente in Ihren eigenen Worten, um sicherzugehen, dass Sie sie richtig verstanden haben.

Diese drei Schritte sind unerlässlich, um das Gesagte des Gesprächspartners nochmals aufzugreifen und dessen Ideen mit eigenen Worten wiederzugeben, ohne dabei jedoch den eigenen Standpunkt auf den Gesprächspartner zu projizieren.

- **Achten Sie auf wohlwollendes Verhalten zwischen den Beteiligten**. Verhandeln bedeutet zusammenarbeiten, was Zuhören und ein Minimum an Übereinstimmung zwischen den Beteiligten voraussetzt, um in ihnen den Wunsch zu stärken, zu einem Kompromiss zu gelangen. Es versteht sich daher von selbst, dass das Gespräch gegenseitiges Wohlwollen und Respekt voraussetzt. Wenn einer der Verhandlungspartner herabgesetzt oder verurteilt wird, kann er seine Erwartungen und Interessen nicht mehr frei ausdrücken und wird sich bei der gefundenen Lösung übergangen fühlen. Dies kann dazu führen, dass er sie nicht annimmt oder für sich keinen Nutzen in den erarbeiteten Vorgaben sieht, sodass die Verhandlung schließlich nichts gebracht hat.

- **Achten Sie auf ein Gleichgewicht zwischen den Parteien**. Eine Verhandlung ist ein konstruktiver Entscheidungsprozess, der die Zusammenarbeit zwischen zwei Kollegen oder Partnern stärken bzw. bereichern soll. Natürlich kann es bei einer Diskussion über eine Meinungsverschiedenheit dazu kommen, dass nach der Verhandlung ein Gewinner erreicht hat, was er wollte, während der Verlierer Zugeständnisse machen musste, damit das Problem gelöst wird. Dennoch (bzw. aus diesem Grund) sollte man darauf achten, diesen Fall nicht zur Regel zu machen. Eine Zusammenarbeit, bei der nicht auf beiden Seiten Zugeständnisse gemacht werden oder die grundlegenden Interessen nicht berücksichtigt bzw. konstant in Frage gestellt werden, wird nicht von Dauer sein.
- **Nehmen Sie sich Zeit und halten Sie durch**. Es ist unwahrscheinlich, dass Ihre Verhandlung bereits nach zehn Minuten zu einem vernünf-

tigen Ergebnis kommt. Vielmehr verlangt sie Zeit und Geduld. Wenn Sie versuchen, die Sache zu übereilen, wird Ihr Gesprächspartner den Eindruck haben, dass Sie ihn nicht ernstnehmen, und wird weniger gewillt sein, eine Einigung zu finden.

- **Fordern Sie mehr**. Wenn Sie lediglich eine Forderung formulieren, besteht die Gefahr, dass sie schlicht abgelehnt wird. Bei mehreren Forderungen erhöhen Sie hingegen die Wahrscheinlichkeit, dass zumindest eine akzeptiert wird.

FAQ

WAS SPRICHT FÜR EINE VERHANDLUNG?

In der folgenden Aufzählung werden einige positive Aspekte von Verhandlungen genannt:

- Sie geben allen Beteiligten Entscheidungsmacht und ziehen sie bezüglich der gemeinschaftlich getroffenen Entscheidung zur Verantwortung.
- Sie sind lehrreich für das Miteinander in der Gesellschaft und im Unternehmen.
- Sie vermitteln Werte wie Aufgeschlossenheit, Rücksichtnahme, Toleranz und Kreativität.
- Sie stehen für Demokratie und schützen vor Machtmissbrauch.
- Sie fördern Zusammenarbeit und stärken zwischenmenschliche Beziehungen.
- Wenn Sie gut geführt werden, stellen sie sicher, dass sinnvolle Entscheidungen getroffen werden, die verschiedene Meinungen berücksichtigen und einander gegenüberstellen.

WELCHE REGELN SOLLTE ICH BEFOLGEN, DAMIT DIE DISKUSSION KONSTRUKTIV WIRD?

Halten Sie sich an die folgenden Regeln, um eine wohlwollende Atmosphäre zu schaffen, die dem Austausch förderlich ist:

- Achten Sie auf ausgewogene Redezeiten. Jeder sollte die Möglichkeit haben, sich frei auszudrücken, und sich dabei des Platzes bewusst sein, den er während des Gesprächs einnimmt.
- Berücksichtigen Sie die Meinung des anderen und bleiben Sie aufgeschlossen, damit die Diskussion konstruktiv bleibt.
- Machen Sie aus dem Aufeinandertreffen einen partizipativen Austausch. Anstatt das Gespräch damit zu beginnen, die Meinungsverschiedenheiten hervorzuheben, indem Sie erklären, was Sie erreichen möchten, sollten Sie zunächst das gemeinsame Ziel und die Punkte ansprechen, in denen Sie übereinstimmen.
- Alle Beteiligten sollten ihren Standpunkt erklären und dessen Berechtigung darlegen können.
- Achten Sie auf Ihre Körpersprache. Lächeln Sie, seien Sie aufgeschlossen, sehen Sie Ihrem Gesprächspartner in die Augen und sprechen Sie langsam.

- Machen Sie sich zum Ziel, gemeinsam eine Entscheidung zu treffen. Dafür sollten Sie bereit sein, Ihrem Gesprächspartner zuzuhören, Ihre eigene Sichtweise zu hinterfragen und Ihre Meinung gegebenenfalls zu ändern, damit die Diskussion ihr volles Potenzial erreichen kann.

WORAN ERKENNE ICH, DASS MEINE VERHANDLUNG ERFOLGREICH WAR?

Mit den folgenden vier Fragen können Sie erkennen, ob Ihre Verhandlung erfolgreich verlaufen ist.

War meine Verhandlung erfolgreich?

	Erfolg	Scheitern
Führte die Verhandlung zu einem Ergebnis, einer Übereinkunft (Konsens oder Kompromiss)?	ja	nein
Wurden in der Verhandlung die legitimen Interessen der beiden Parteien berücksichtigt und wurden Interessenkonflikte gerecht gelöst?	ja	nein
Schädigte die Verhandlung Personen, die in die Entscheidung miteingebunden waren?	ja	nein
Wurden in der getroffenen Übereinkunft die Interessen der Gemeinschaft berücksichtigt und wird sie auf lange Sicht bestehen?	ja	nein

Der fundamentale Unterschied zwischen einem Verhandlungsführer und einem Manipulator liegt darin, wie der Gesprächspartner behandelt wird. Während eine manipulative Person in Kauf nimmt, dass sie ihrem Gegenüber schadet, versucht ein Verhandlungsführer in der Regel Lösungen zu finden, die beiden Parteien nutzen.

Man sollte dabei nicht vergessen, dass der Verhandlungspartner selbst etwas erreichen und nicht unbedingt geben will. Für eine nachhaltige Verhandlungsstrategie sollten Sie also dafür sorgen, dass Ihr Gesprächspartner für sich einen Nutzen in Ihren Angeboten sieht.

WAS SOLLTE ICH TUN, WENN MEIN GESPRÄCHSPARTNER FÜR MEINE KOMPROMISSVORSCHLÄGE NICHT OFFEN ZU SEIN SCHEINT?

Es kann passieren, dass Sie trotz solider Argumentation keinen Kompromiss finden. Ihr Gesprächspartner besteht auf seinen Standpunkt und es steht für ihn nicht zur Debatte, Ihnen auch nur einen Schritt entgegen zu kommen. Es ist wichtig, dass Sie bei einer so kategorischen Ablehnung die Gründe für das Verhalten Ihres Gesprächspartners erkennen:

- Er kann Ihre Vorschläge nicht annehmen aus Gründen, auf die er keinen Einfluss hat. In diesem Fall bringt es nichts, weiter auf ihn einzureden, da er nicht die Befugnisse hat, Ihnen das zu geben, was Sie gerne hätten.
- Eventuell ist er momentan nicht in der Lage Ihnen zuzustimmen, weil er überlastet und aufgrund von Deadlines gestresst ist und sich Ihre Anfrage deswegen noch nicht ansehen konnte. In diesem Fall könnten Sie ihm anbieten, ihm eine schriftliche Version Ihres Anliegens zukommen zu lassen, oder ihn zu einem günstigeren Zeitpunkt erneut ansprechen.
- Möglicherweise hat er jedoch keine wirklichen Gründe für seine Ablehnung. In diesem Fall sollten Sie versuchen, das Gespräch darauf zu lenken, welche Vorteile ihm die Einigung mit Ihnen bringen würde.

Wenn Sie dennoch keine Zustimmung bekommen, können Sie das Gespräch mit Fragen abschließen, die Ihnen ermöglichen, Ihren Gesprächspartner besser zu verstehen und Ihr Anliegen dennoch aufrechtzuerhalten: Welche Aspekte würden zu einer positiven Antwort führen? Unter welchen Bedingungen würden Sie meiner Forderung nachgeben?

WELCHE EIGENSCHAFTEN MACHEN EINEN GUTEN VERHANDLUNGSFÜHRER AUS?

- Ein guter Verhandlungsführer bereitet sich vor und kann den Verhandlungsgegenstand objektiv betrachten. Wie bereits erwähnt, basiert der Erfolg der Verhandlung auf einer guten Vorbereitung. Ein effizienter Verhandlungsführer hat sich daher im Vorfeld mit allen Aspekten seiner Vorschläge beschäftigt und die Argumente seines Gesprächspartners antizipiert.
- Er verhält sich allen Beteiligten gegenüber respektvoll und weicht dennoch nicht von seinem Ziel ab. Ein guter Verhandlungsführer macht außerdem einen Unterschied zwischen Professionellem und Persönlichem. Aus unterschiedlichen Gründen

kann eine Verhandlung zwischen Kollegen oder zwischen Mitarbeiter und Vorgesetztem scheitern. Das bedeutet jedoch nicht zwangsläufig, dass dies der Beziehung zwischen den beiden Personen schadet. Wenn der Rahmen der Diskussion genau festgelegt und nie die Person als solche angegriffen wird (und auf Kommentare bezüglich ihres Charakters oder Identität verzichtet wird), nimmt die Beziehung, selbst bei einer gescheiterten Verhandlung, keinen Schaden.

- Er sieht sein Gegenüber als einen Partner an. Eine Verhandlung ist nicht mit einem Boxkampf gleichzusetzen. Idealerweise gehen aus der Verhandlung vielmehr zwei Gewinner hervor. Daher sollte ein Verhandlungsführer sein Gegenüber nicht als Gegner, sondern als Verbündeten betrachten.

- Schließlich nimmt sich ein guter Verhandlungsführer immer die Zeit am Ende der Verhandlung die positiven Punkte der Diskussion zusammenzufassen. Außerdem erinnert er daran, was die beiden Parteien im Zuge des Kompromisses gewonnen haben, indem er hervorhebt, welchen Nutzen es für sie hat, Ihre Verpflichtungen auch zu erfüllen. So schließt er das Gespräch mit positiven Aspekten.

JETZT SIND SIE GEFRAGT!

TAGESORDNUNG FÜR DIE NÄCHSTE VERHANDLUNG

Um während der Verhandlung auf Kurs zu bleiben, sollten Sie das Thema und die Ziele des Gesprächs definieren.

Tagesordnung

<table>
<tr><td colspan="2">Thema der Verhandlung:
....</td></tr>
<tr><td>Datum der Besprechung:

Uhrzeit:
Dauer:
Ort:</td><td>Teilnehmer:

•

•

•

•</td></tr>
<tr><td colspan="2">Ziel der Verhandlung: Zu welchen Punkten soll eine Einigung gefunden werden?
....
....</td></tr>
<tr><td colspan="2">Zusammenfassung der gemeinschaftlich getroffenen Entscheidungen (während der Besprechung auszufüllen):
....
....</td></tr>
</table>

PERSÖNLICHE VORBEREITUNG

Anschließend können Sie die folgende Tabelle ausfüllen, um sich persönlich vorzubereiten.

Persönliche Vorbereitung

Thema der Verhandlung:

Meine Ziele für diese Verhandlung:

Die Bedürfnisse hinter meinen Zielen (warum möchte ich die Ziele erreichen?):	Meine Argumente (wie verteidige ich meine Ziele?):

Mein Handlungsspielraum bzw. ZOPA (Zone of Possible Agreement):

- idealer Ausgang:

- guter Ausgang:

- akzeptabler Ausgang:

Ihre Meinung ist uns wichtig!
Hinterlassen Sie doch einen Kommentar auf der
Seite unserer Online-Buchhandlung
und teilen Sie Ihre Favoriten in den sozialen
Netzwerken!

DARÜBER HINAUS

LITERATURVERZEICHNIS

- Bellenger, Lionel: *Les fondamentaux de la négocia-tion. Stratégies et tactiques gagnantes.* ESF éditeur: Paris 2004.

- Boutty d'Antine, Martine; Pluyette, Gérard; Bensimon, Stephen: *Art et techniques de la négociation.* Jurisclasseur: Paris 2003.

- Dupont, Christophe: *La négociation. Conduite, théorie, applications.* Dalloz: Paris 1990.

- Fisher, Roger; Ury William; Patton, Bruce M.: *Das Harvard-Konzept. Die unschlagbare Methode für beste Verhandlungsergebnisse.* Aus dem Englischen von Jürgen Neubauer. DVA: München 2018.

- Moyson, Roger: *Communiquer dans l'entreprise et dans la vie. Négociation, collaboration et tolérance.* De Boeck Université: Bruxelles 1997.

WEITERFÜHRENDE LITERATUR

- Dall, Martin: *Der Verhandlungs-Profi. Besser verhan-deln – mehr erreichen.* Linde Verlag: Wien 2011.

- Fritzsche, Thomas: *Souverän verhandeln. Psychologische Strategien und Methoden*. Hogrefe: Bern 2016.

- Shapiro, David: *Verhandeln. Die neue Erfolgsmethode aus Harvard*. Aus dem Englischen von Jürgen Neubauer. Campus Verlag: Frankfurt/Main 2018.

MEHR AUF 50MINUTEN.DE

- Gangemi, Rosanna: *Die Macht der Körpersprache. Tipps für die effiziente Nutzung und Analyse von Körpersprache*. Aus dem Französischen von Leonie Kremer. Plurilingua Publishing: Brüssel 2019.

- Bronckart, Véronique: *Selbstbehauptung. Tipps für gelungene Kommunikation auf Augenhöhe*. Aus dem Französischen von Mareike Lobeck. Plurilingua Publishing: Brüssel 2019.

- Peiffer, Christophe: *Erfolgreich überzeugen. Methoden für eine gelungene und überzeugende Argumentation*. Aus dem Französischen von Mareike Lobeck. Plurilingua Publishing: Brüssel 2019.

50MINUTEN.de
Geschichte
Business
Für die Arbeitswelt
Non-Fiction kompakt
Gesundheit & Wellness
Kunst und Literatur
DAS PARETO-PRINZIP
Die 80/20-Regel
Gesamtaufwand
Ergebnisse
20%
80%
80%
20%
Wichtig
Unwichtig
DAS CANVAS-BUSINESSMODELL
DIE SWOT-ANALYSE
SCHMÖKERN SIE SICH SCHLAU!
www.50Minuten.de

www.50Minuten.de

ISBN digitale Ausgabe: 9782808018128

ISBN gedruckte Ausgabe: 9782808018135

Pflichtexemplar: D/2019/12603/73

Cover: © Plurilingua

Digitale Aufbereitung: Primento, der digitale Partner der Herausgeber